Jörg Ringel / Ralf Hillmann

Bei Demenz:
Beschäftigung, Denksport

777
Doppelwort-Rätsel
Zusammengesetzte Hauptwörter, Nomen, Substantive

Doppelwörter-Puzzles
für Senioren mit Demenz

Demenz-Rätsel-Buch / Band 5

Hinweis zur Haftung
Die im Buch veröffentlichten Gedanken und Empfehlungen basieren auf den Erfahrungen der Autoren und wurden intensiv erarbeitet und geprüft. Weder Autoren noch Verlag können für in diesem Buch gemachte Angaben Gewähr übernehmen. Es bleibt in Ihrer alleinigen Verantwortung als Leserin, als Leser jede der gemachten Angaben Ihrer eigenen Prüfung zu unterziehen. Auf die geltenden gesetzlichen Bestimmungen weisen wir ausdrücklich hin!

Bibliografische Information der Deutschen Nationalbibliothek
Die Deutsche Nationalbibliothek verzeichnet diese Publikation in der Deutschen Nationalbibliografie; detaillierte bibliografische Daten sind im Internet über https://portal.dnb.de abrufbar.

Herstellung und Verlag: BoD – Books on Demand, Norderstedt
Autoren: Jörg Ringel, Ralf Hillmann
Covergestaltung: Ralf Hillmann
Covermotiv: Gerd Altmann, Pixabay
ISBN: 978 3756207220

I n h a l t s v e r z e i c h n i s

Über dieses Buch

Liebe Leserinnen und Leser, in diesem Buch (Band 5 der DEMENZ-RÄTSEL-BÜCHER) finden Sie 777 Doppelwort-Rätsel, die aufgrund ihrer Einfachheit für Senioren mit Demenz geeignet sind. Es handelt sich dabei um sogenannte Doppelwörter aus einfachen Hauptwörtern (Substantiven, Nomen) die betrachtet und sinnvoll zusammengesetzt werden müssen.

Je nach individueller Situation variieren die Befindlichkeiten und Kompetenzen von Menschen mit Demenz stark. Die Wörter-Puzzles sind zwar ganz bewusst einfach gestaltet worden, sie erfordern dennoch ein gewisses Maß an kognitiven Fähigkeiten. Sie sind einerseits als Training für den Kopf zu verstehen, sollen andererseits aber auch einfach die Aufmerksamkeit auf etwas Herausforderndes und Erheiterndes lenken.

Das Buch wurde aus gutem Grund sehr einfach gestaltet. Die Schrift ist zudem sehr groß, damit alles gut lesbar erscheint. Die einzelnen Tabellen sind ebenso recht groß angelegt, damit sie ausreichende Übersicht bieten.

Es grüßen herzlichst

Jörg Ringel und Ralf Hillmann

Spielanleitung

Auf jeder Buchseite ist eine zweispaltige Tabelle abgebildet. In der linken Spalte stehen jeweils Wörter, die mit den Wörtern aus der jeweils rechten Spalte vervollständigt (kombiniert, ergänzt) werden müssen.

Vier Schwierigkeitsstufen ermöglichen es, sich nur mit jenen Tabellen zu beschäftigen, die noch als übersichtlich genug empfunden werden und somit nicht überfordern.

Wir empfehlen, keine Lösungen direkt im Buch zu markieren, auf diese Weise können Sie sich mit den Rätseln immer wieder neu beschäftigen. Es reicht völlig aus, sich die Wörter anzuschauen, sie im Geiste zu kombinieren und das jeweils gesuchte Doppelwort auszusprechen.

Die Lösungen können ganz hinten im Buch nachgelesen werden.

Schwierigkeitsstufe 1

>>>>>

Auf den folgenden Seiten werden in jeder Tabelle jeweils sieben Doppelwörter gesucht.

Die Frage ist immer:
Wie lautet jedes einzelne Doppelwort, wenn man die sieben Worte aus der linken Tabellenspalte jeweils mit dem passenden Wort aus der rechten Tabellenspalte kombiniert?

Wenn es Ihnen leicht gelingt, die Aufgaben der Schwierigkeitsstufe 1 zu lösen, können Sie sich anschließend Schwierigkeitsstufe 2 widmen.

Sollte Ihnen das Lösen der Aufgaben eher nicht so leicht fallen, legen Sie das Buch lieber zur Seite und probieren Sie es an einem anderen Tag noch einmal erneut.

Nr.	Wie lauten die 7 Doppelwörter?	
1	Abend	Burg
2	Hand	Garten
3	Rosen	Rad
4	Ampel	Vögel
5	Hamster	Fläche
6	Ritter	Essen
7	Zug	Anlage

Nr.	Wie lauten die 7 Doppelwörter?	
8	Hals	Brücke
9	Ritter	Kranz
10	Zug	Band
11	Haus	Schnitt
12	Rosen	Besuch
13	Zoo	Schlag
14	Haar	Arbeit

Nr.	Wie lauten die 7 Doppelwörter?	
15	Ring	Bank
16	Zirkus	Temperatur
17	Gurken	Zelt
18	Sand	Bärchen
19	Zimmer	Salat
20	Gummi	Dampfer
21	Reise	Finger

Nr.	Wie lauten die 7 Doppelwörter?	
22	Zimmer	Wurm
23	Gold	Decke
24	Pferde	Scheibe
25	Angst	Regen
26	Wetter	Züchter
27	Regen	Bericht
28	Ziel	Hase

Nr.	Wie lauten die 7 Doppelwörter?	
29	Glocken	Lager
30	Regen	Streifen
31	Zelt	Spiel
32	Haus	Bett
33	Gäste	Haus
34	Zebra	Schauer
35	Glas	Arzt

Nr.	Wie lauten die 7 Doppelwörter?	
36	Raum	Spange
37	Zahnpasta	Burg
38	Gewürz	Kleid
39	Sand	Warnung
40	Zahn	Tube
41	Gewitter	Pflanze
42	Puppen	Schiff

Nr.	Wie lauten die 7 Doppelwörter?	
43	Zahn	Automat
44	Getränke	Teich
45	Puls	Rad
46	Fuß	Baum
47	Obst	Stange
48	Wäsche	Schlag
49	Garten	Bad

Nr.	Wie lauten die 7 Doppelwörter?	
50	Tisch	Scherben
51	Fenster	Arbeit
52	Maul	Tennis
53	Gesang	Lampe
54	Polizei	Korb
55	Wohnzimmer	Buch
56	Glas	Bank

Nr.	Wie lauten die 7 Doppelwörter?	
57	Platz	Rad
58	Winter	Halter
59	Gemüse	Automat
60	Pizza	Schlaf
61	Wind	Wagen
62	Geld	Belag
63	Puppen	Garten

Nr.	Wie lauten die 7 Doppelwörter?	
64	Wetter	Tropfen
65	Geister	Spiel
66	Regen	Schlitten
67	Gold	Fahrer
68	Gefängnis	Lage
69	Pferde	Zelle
70	Würfel	Schmied

Nr.	Wie lauten die 7 Doppelwörter?	
71	Gäste	Waage
72	Personen	Jacke
73	Welt	Tisch
74	Regen	Haus
75	Perlen	Frieden
76	Park	Kette
77	Glas	Zimmer

Nr.	Wie lauten die 7 Doppelwörter?	
78	Park	Kopf
79	Weizen	Ratte
80	Garten	Kreuzung
81	Welt	Allergie
82	Weg	Reise
83	Wasser	Scheibe
84	Quatsch	Handschuhe

Nr.	Wie lauten die 7 Doppelwörter?	
85	Wasser	Arzt
86	Gänse	Hütte
87	Panzer	Ring
88	Garten	Tor
89	Fußball	Glas
90	Ohr	Waage
91	Zahn	Haut

Nr.	Wie lauten die 7 Doppelwörter?	
92	Fuß	Flasche
93	Ohr	Arzt
94	Vogel	Kanne
95	Tier	Feige
96	Obst	Schwarm
97	Wasser	Korb
98	Milch	Matte

Nr.	Wie lauten die 7 Doppelwörter?	
99	Ton	Baum
100	Fenster	Becher
101	Motor	Sauce
102	Eier	Leiter
103	Laub	Sport
104	Stroh	Leder
105	Nudel	Ballen

Nr.	Wie lauten die 7 Doppelwörter?	
106	Wäsche	Korb
107	Frucht	Klammer
108	Papier	Fliesen
109	Wangen	Pferd
110	Frauen	Fliege
111	Nil	Schuh
112	Wand	Knochen

Nr.	Wie lauten die 7 Doppelwörter?	
113	Foto	Wolke
114	Nebel	Zeug
115	Wasser	Tau
116	Flug	Maschine
117	Dampf	Höhe
118	Morgen	Album
119	Flug	Hahn

Nr.	Wie lauten die 7 Doppelwörter?	
120	Dinkel	Tor
121	Vogel	Post
122	Garten	Keks
123	Nadel	Futter
124	Wasser	Eule
125	Flaschen	Kissen
126	Nacht	Dampf

Nr.	Wie lauten die 7 Doppelwörter?	
127	Video	Teich
128	Fisch	Warnung
129	Papier	Kamera
130	Unwetter	Verschmutzung
131	Finger	Rad
132	Motor	Schere
133	Umwelt	Nagel

Nr.	Wie lauten die 7 Doppelwörter?	
134	Finger	Leiter
135	Mosaik	Kessel
136	Wasser	Gymnastik
137	Film	Pflaster
138	Morgen	Handschuh
139	Trost	Museum
140	Feuerwehr	Steine

Nr.	Wie lauten die 7 Doppelwörter?	
141	Mohn	Weide
142	Trauer	Kuchen
143	Feuer	Essen
144	Mittag	Gitter
145	Trauben	Zeug
146	Fliegen	Produkt
147	Milch	Saft

Nr.	Wie lauten die 7 Doppelwörter?	
148	Torten	Bär
149	Ferien	Salat
150	Sturm	Säge
151	Eier	Warnung
152	Laub	Kopf
153	Teddy	Haus
154	Knall	Heber

Nr.	Wie lauten die 7 Doppelwörter?	
155	Sonnen	Marke
156	Brief	Werk
157	Tisch	Licht
158	Feld	Band
159	Maß	Abend
160	Uhr	Decke
161	Feier	Weg

Nr.	Wie lauten die 7 Doppelwörter?	
162	Marmor	Pilz
163	Tier	Kolben
164	Feder	Käfer
165	Mais	Pflege
166	Fuß	Heim
167	Fliegen	Boden
168	Mai	Ball

Schwierigkeitsstufe 2

>>>>>

Auf den folgenden Seiten werden in jeder Tabelle jeweils acht Doppelwörter gesucht.

Die Frage ist immer:
Wie lautet jedes einzelne Doppelwort, wenn man die acht Worte aus der linken Tabellenspalte jeweils mit dem passenden Wort aus der rechten Tabellenspalte kombiniert?

Wenn es Ihnen leicht gelingt, die Aufgaben der Schwierigkeitsstufe 2 zu lösen, können Sie sich anschließend Schwierigkeitsstufe 3 widmen.

Sollte Ihnen das Lösen der Aufgaben eher nicht so leicht fallen, legen Sie das Buch lieber zur Seite und probieren Sie es an einem anderen Tag noch einmal erneut.

Nr.	Wie lauten die 8 Doppelwörter?	
169	Theater	Zug
170	Fahrt	Unfall
171	Luft	Bühne
172	Tennis	Messer
173	Fahrrad	Kosten
174	Müll	Tasse
175	Tee	Schläger
176	Taschen	Tonne

Nr.	Wie lauten die 8 Doppelwörter?	
177	Luft	Stift
178	Tee	Linie
179	Fahrrad	Messe
180	Löwen	Brille
181	Uhr	Kanne
182	Esoterik	Zeit
183	Lippen	Zahn
184	Taucher	Kette

Nr.	Wie lauten die 8 Doppelwörter?	
185	Eisenbahn	Balsam
186	Lippen	Schirm
187	Taschen	Schienen
188	Eisen	Schloss
189	Liege	Schuhe
190	Fahrrad	Stuhl
191	Fall	Tuch
192	Leder	Bahn

Nr.	Wie lauten die 8 Doppelwörter?	
193	Tanz	Zweig
194	Eis	Baum
195	Leder	Matratze
196	Tannen	Stelle
197	Stamm	Sperre
198	Luft	Schuppen
199	Tank	Diele
200	Straßen	Hose

Nr.	Wie lauten die 8 Doppelwörter?	
201	Lauf	Becher
202	Brief	Bruch
203	Knochen	Mann
204	Sonnen	Krone
205	Dornen	Schirm
206	Schnee	Bau
207	Bein	Waage
208	Kaffee	Band

Wie lauten die 8 Doppelwörter?		
209	Dunst	Schirm
210	Latten	Stein
211	Straßen	Tor
212	Fall	Waffel
213	Land	Rost
214	Eis	Glocke
215	Domino	Leben
216	Lampen	Laterne

Nr.	Wie lauten die 8 Doppelwörter?	
217	Strand	Tasche
218	Dampfer	Falten
219	Luft	Schindel
220	Stoff	Suppe
221	Dach	Pumpe
222	Lack	Korb
223	Stirn	Affe
224	Creme	Fahrt

Nr.	Wie lauten die 8 Doppelwörter?	
225	Kunst	Beutel
226	Tee	Bär
227	Couch	Allergie
228	Kuh	Kind
229	Staub	Spüle
230	Christ	Weide
231	Küchen	Leder
232	Eis	Tisch

Nr.	Wie lauten die 8 Doppelwörter?	
233	Butter	Trottel
234	Küchen	Brot
235	Stadt	Möbel
236	Dorf	Lampe
237	Kreis	Schwein
238	Stachel	Fett
239	Büro	Kern
240	Körper	Lauf

Nr.	Wie lauten die 8 Doppelwörter?	
241	Sprung	Arbeiter
242	Bügel	Suppe
243	Lager	Wurm
244	Spiel	Turm
245	Bücher	Brille
246	Kohl	Zeug
247	Sonnen	Tür
248	Keller	Eisen

Nr.	Wie lauten die 8 Doppelwörter?	
249	Kohle	Öl
250	Staub	Gläser
251	Brillen	Gipfel
252	Koch	Maschine
253	Speise	Schlacht
254	Kaffee	Korn
255	Schneeball	Ofen
256	Berg	Topf

Nr.	Wie lauten die 8 Doppelwörter?	
257	Kleider	Brille
258	Apfel	Krone
259	Haut	Feld
260	Schaum	Ausschlag
261	Klo	Feuer
262	Spiel	Schuhe
263	Braut	Schrank
264	Lager	Kuchen

Nr.	Wie lauten die 8 Doppelwörter?	
265	Sonnen	Stift
266	Braut	Sauger
267	Klebe	Suppe
268	Sommer	Blume
269	Brand	Film
270	Kino	Schutz
271	Staub	Kleid
272	Bohnen	Urlaub

Nr.	Wie lauten die 8 Doppelwörter?	
273	Kinder	Glas
274	Sofa	Geburtstag
275	Blumen	Wagen
276	Kinder	Duft
277	Sieger	Ständer
278	Blüten	Podest
279	Kerzen	Kissen
280	Sekt	Gesteck

Nr.	Wie lauten die 8 Doppelwörter?	
281	Brief	Bahn
282	Keller	Papier
283	Seil	Blatt
284	Block	Boot
285	Bücher	Dose
286	Segel	Regal
287	Blech	Fenster
288	Klee	Flöte

Nr.	Wie lauten die 8 Doppelwörter?	
289	See	Würfel
290	Bilder	Schrank
291	Katzen	Schild
292	Schutz	Löwe
293	Bienen	Blume
294	Käse	Wäsche
295	Sommer	Rahmen
296	Bauern	Stock

Nr.	Wie lauten die 8 Doppelwörter?	
297	Kartoffel	Öffner
298	Schuh	Blatt
299	Bienen	Lampe
300	Kalender	Feger
301	Schreibtisch	Satz
302	Brief	Bürste
303	Kaffee	Klöße
304	Schornstein	Honig

Nr.	Wie lauten die 8 Doppelwörter?	
305	Bett	Wolke
306	Scherz	Brust
307	Arm	Kasten
308	Heft	Besen
309	Schnee	Pause
310	Gold	Keks
311	Regen	Kette
312	Zigaretten	Pflaster

Nr.	Wie lauten die 8 Doppelwörter?	
313	Schnee	Hose
314	Baum	Ferien
315	Jogging	Tasche
316	Sommer	Königin
317	Bienen	Hof
318	Jacken	Idee
319	Schnaps	Kuchen
320	Bauern	Stachel

Nr.	Wie lauten die 8 Doppelwörter?	
321	Hut	Fink
322	Schnabel	Hütte
323	Bau	Loch
324	Hunde	Ablage
325	Schmutz	Stall
326	Bett	Tier
327	Hühner	Klötze
328	Schlüssel	Laken

Nr.	Wie lauten die 8 Doppelwörter?	
329	Bank	Tabletten
330	Hügel	Eis
331	Schlüssel	Ochse
332	Schlaf	Schuhe
333	Kaffee	Landschaft
334	Haus	Konto
335	Bananen	Dienst
336	Horn	Dose

Nr.	Wie lauten die 8 Doppelwörter?	
337	Schloss	Laden
338	Ball	Wäsche
339	Honig	Kohle
340	Schnee	Kleid
341	Bäcker	Gift
342	Holz	Ball
343	Schlangen	Gespenst
344	Auto	Biene

Nr.	Wie lauten die 8 Doppelwörter?	
345	Holz	Angestellte
346	Schlaf	Haus
347	Bett	Panne
348	Himmel	Ständer
349	Bank	Pfanne
350	Auto	Lied
351	Hexen	Bett
352	Schirm	Haus

Nr.	Wie lauten die 8 Doppelwörter?	
353	Auto	Kino
354	Kaffee	Pflanze
355	Daumen	Korn
356	Armband	Fahrer
357	Herbst	Anzünder
358	Zimmer	Sonne
359	Grill	Filter
360	Reis	Uhr

Schwierigkeitsstufe 3

>>>>>

Auf den folgenden Seiten werden in jeder Tabelle jeweils neun Doppelwörter gesucht.

Die Frage ist immer:
Wie lautet jedes einzelne Doppelwort, wenn man die neun Worte aus der linken Tabellenspalte jeweils mit dem passenden Wort aus der rechten Tabellenspalte kombiniert?

Wenn es Ihnen leicht gelingt, die Aufgaben der Schwierigkeitsstufe 3 zu lösen, können Sie sich anschließend Schwierigkeitsstufe 4 widmen.

Sollte Ihnen das Lösen der Aufgaben eher nicht so leicht fallen, legen Sie das Buch lieber zur Seite und probieren Sie es an einem anderen Tag noch einmal erneut.

Nr.	Wie lauten die 9 Doppelwörter?	
361	Garten	Uhr
362	Park	Stuhl
363	Weizen	Tür
364	Gemüse	Zaun
365	Apfel	Zimmer
366	Haus	Brot
367	Schaukel	Bein
368	Ankleide	Blüte
369	Schlüssel	Suppe

Nr.	Wie lauten die 9 Doppelwörter?	
370	Schatz	Sturm
371	Auto	Haufen
372	Haus	Löwe
373	Schall	Herde
374	Ameisen	Tasche
375	Sand	Reifen
376	Schaf	Aufgaben
377	Akten	Truhe
378	Heu	Platten

Nr.	Wie lauten die 9 Doppelwörter?	
379	Haus	Kasten
380	Affen	Sonne
381	Hand	Meister
382	Sand	Schläger
383	Abschluss	Theater
384	Schwert	Mantel
385	Schaum	Wäsche
386	Abend	Lilie
387	Regen	Arbeit

Nr.	Wie lauten die 9 Doppelwörter?	
388	Sahne	Arbeit
389	Abend	Joghurt
390	Zahn	Kette
391	Sack	Schmerzen
392	Auto	Kohl
393	Hand	Pudel
394	Rosen	Garderobe
395	Zwerg	Karren
396	Hals	Unfall

Nr.	Wie lauten die 9 Doppelwörter?	
397	Rosen	Presse
398	Zug	Rüstung
399	Heu	Pferd
400	Ritter	Spange
401	Zucker	Schnalle
402	Haar	Dose
403	Ring	Duft
404	Zitronen	Wagen
405	Gürtel	Kampf

Nr.	Wie lauten die 9 Doppelwörter?	
406	Scherben	Stiefel
407	Zimt	Raum
408	Gummi	Haufen
409	Reise	Toilette
410	Gäste	Eis
411	Personen	Koffer
412	Welt	Trennung
413	Müll	Zicke
414	Vanille	Schutz

Nr.	Wie lauten die 9 Doppelwörter?	
415	Fisch	Schirm
416	Nudel	Papier
417	Gold	Stall
418	Hand	Gericht
419	Ziegen	Seife
420	Glocken	Bürste
421	Regen	Barren
422	Zeichen	Blume
423	Haar	Schwarm

Nr.	Wie lauten die 9 Doppelwörter?	
424	Regen	Gepäck
425	Zaun	Mäher
426	Gift	Bogen
427	Rasen	Wecker
428	Zahn	Schlange
429	Gewitter	Ernte
430	Reise	Stein
431	Hand	Wolke
432	Getreide	König

Nr.	Wie lauten die 9 Doppelwörter?	
433	Puppen	Spülmittel
434	Zahn	Qualm
435	Geschirr	Messer
436	Puls	Bote
437	Zigaretten	Urlaub
438	Geschenk	Haus
439	Post	Traum
440	Wunsch	Bürste
441	Winter	Verpackung

Nr.	Wie lauten die 9 Doppelwörter?	
442	Polizei	Tisch
443	Wohnzimmer	Landschaft
444	Hallen	Korb
445	Platz	Saft
446	Winter	Börse
447	Gemüse	Auto
448	Plastik	Regen
449	Geschenk	Tüte
450	Geld	Bad

Nr.	Wie lauten die 9 Doppelwörter?	
451	Ring	Stall
452	Wind	Stand
453	Geister	Wärter
454	Pflaumen	Buch
455	Wetter	Schloss
456	Wasser	Schachtel
457	Pferde	Mühle
458	Zigaretten	Kuchen
459	Gefängnis	Frosch

Nr.	Wie lauten die 9 Doppelwörter?	
460	Pferde	Dose
461	Werk	Baum
462	Nadel	Kutsche
463	Vogel	Mähne
464	Flaschen	Keller
465	Tee	Puzzle
466	Fahrrad	Bank
467	Löwen	Öffner
468	Tier	Beere

Nr.	Wie lauten die 9 Doppelwörter?	
469	Park	Zeichen
470	Wein	Bahn
471	Garten	Nagel
472	Fuß	Mus
473	Wasser	Arbeit
474	Gänse	Zone
475	Pflaumen	Traube
476	Geister	Marsch
477	Fußgänger	Platz

Nr.	Wie lauten die 9 Doppelwörter?	
478	Öl	Muschel
479	Wasser	Ball
480	Fußball	Rohr
481	Ohr	Stadion
482	Werk	Farbe
483	Park	Farbe
484	Ofen	Zeug
485	Wasser	Bank
486	Fuß	Pfeife

Nr.	Wie lauten die 9 Doppelwörter?	
487	Flug	Bett
488	Wasser	Schenkel
489	Geräte	Saft
490	Ober	Suppe
491	Wäsche	Schuppen
492	Frucht	Korb
493	Nudel	Ständer
494	Wäsche	Schau
495	Orangen	Wasser

Nr.	Wie lauten die 9 Doppelwörter?	
496	Pillen	Ständer
497	Wärme	Wasser
498	Salz	Apparat
499	Noten	Dose
500	Wand	Kasten
501	Foto	Lampe
502	Nerven	Katastrophe
503	Werkzeug	Uhr
504	Flut	Säge

Nr.	Wie lauten die 9 Doppelwörter?	
505	Nebel	Schere
506	Waffel	Hafen
507	Obst	Bonbon
508	Karamell	Eisen
509	Vulkan	Blumen
510	Flug	Horn
511	Nagel	Nest
512	Vogel	Garten
513	Frühlings	Ausbruch

Nr.	Wie lauten die 9 Doppelwörter?	
514	Tee	Hut
515	Fahrrad	Schmuck
516	Luft	Rolle
517	Butter	Pumpe
518	Küchen	Ballon
519	Stadt	Milch
520	Mode	Arm
521	Unter	Löffel
522	Finger	Park

Nr.	Wie lauten die 9 Doppelwörter?	
523	Motor	Brand
524	Umwelt	Thermometer
525	Filz	Sonne
526	Morgen	Geländer
527	Wald	Gesicht
528	Fieber	Gleiter
529	Mond	Auto
530	Treppen	Haube
531	Feuerwehr	Schutz

Nr.	Wie lauten die 9 Doppelwörter?	
532	Mohn	Schwanz
533	Trauer	Blume
534	Fuchs	Stück
535	Mist	Scheibe
536	Torten	Kuh
537	Ferien	Lappen
538	Milch	Feier
539	Topf	Haufen
540	Fenster	Lager

Nr.	Wie lauten die 9 Doppelwörter?	
541	Nudel	Spaziergang
542	Tomaten	Salz
543	Fenster	Salat
544	Meer	Blümchen
545	Tisch	Holz
546	Fell	Maus
547	Mauer	Glas
548	Wald	Mütze
549	Feld	Gebet

Nr.	Wie lauten die 9 Doppelwörter?	
550	Marmor	Buch
551	Fahrrad	Wohnung
552	Feder	Gehege
553	Märchen	Feld
554	Tier	Stück
555	Fallschirm	Tisch
556	Mais	Springer
557	Theater	Kleid
558	Ferien	Korb

Nr.	Wie lauten die 9 Doppelwörter?	
559	Mai	Kalender
560	Termin	Schloss
561	Tier	Ständer
562	Luft	Schweinchen
563	Telefon	Liebe
564	Fahrrad	Schmuck
565	Meer	Tisch
566	Christbaum	Glöckchen
567	Küchen	Hörer

Nr.	Wie lauten die 9 Doppelwörter?	
568	Start	Flugzeug
569	Keller	Zeit
570	Segel	Schuss
571	Blei	Stange
572	Kopf	Uhr
573	Eltern	Pflege
574	Lippen	Treppe
575	Taschen	Stift
576	Eisen	Laus

Schwierigkeitsstufe 4

>>>>>

Auf den folgenden Seiten werden in jeder Tabelle jeweils zehn Doppelwörter gesucht.

Die Frage ist immer:
Wie lautet jedes einzelne Doppelwort, wenn man die zehn Worte aus der linken Tabellenspalte jeweils mit dem passenden Wort aus der rechten Tabellenspalte kombiniert?

Sollte Ihnen das Lösen der Aufgaben eher nicht so leicht fallen, legen Sie das Buch lieber zur Seite und probieren Sie es an einem anderen Tag noch einmal erneut.

Nr.	Wie lauten die 10 Doppelwörter?	
577	Linsen	Kette
578	Taschen	Zapfen
579	Feuer	Likör
580	Lichter	Schuhe
581	Eier	Bein
582	Eis	Stand
583	Leder	Suppe
584	Tanz	Mantel
585	Straßen	Rechner
586	Messe	Werk

Nr.	Wie lauten die 10 Doppelwörter?	
587	Tannen	Säule
588	Eis	Hut
589	Lavendel	Baum
590	Tank	Lampe
591	Eier	Frosch
592	Laub	Puppe
593	Tisch	Seife
594	Taschen	Bein
595	Stoff	Schale
596	Stroh	Becher

Nr.	Wie lauten die 10 Doppelwörter?	
597	Ei	Hörnchen
598	Latten	Zelle
599	Streifen	Kugel
600	Draht	Bahn
601	Last	Lutscher
602	Straßen	Karte
603	Strom	Zaun
604	Land	Leitung
605	Eis	Esel
606	Dauer	Wagen

Nr.	Wie lauten die 10 Doppelwörter?	
607	Lampen	Herz
608	Stoff	Wald
609	Dampf	Band
610	Lebkuchen	Hut
611	Laub	Tier
612	Dach	Fehler
613	Kürbis	Fieber
614	Stirn	Rinne
615	Cowboy	Suppe
616	Kunst	Maschine

Nr.	Wie lauten die 10 Doppelwörter?	
617	Stuhl	Pferd
618	Kerzen	Anhänger
619	Seifen	Fest
620	Blumen	Impfung
621	Schlüssel	Form
622	Ball	Spender
623	Honigkuchen	Spiel
624	Schutz	Gang
625	Kuchen	Schein
626	Stadt	Erde

Nr.	Wie lauten die 10 Doppelwörter?	
627	Büro	Netz
628	Körper	Gelenk
629	Sprung	Putztuch
630	Brillen	Schrank
631	Lebkuchen	Karten
632	Spinnen	Hörer
633	Bügel	Hengst
634	Kopf	Brett
635	Spiel	Pflege
636	Bücher	Männchen

Nr.	Wie lauten die 10 Doppelwörter?	
637	Kohl	Flut
638	Sturm	Wagen
639	Brillen	Taube
640	Koffer	Meise
641	Speise	Gerüst
642	Büro	Schein
643	Knochen	Tüte
644	Sonnen	Stuhl
645	Brief	Raum
646	Knall	Etui

Nr.	Wie lauten die 10 Doppelwörter?	
647	Brand	Creme
648	Bus	Ständer
649	Knall	Paar
650	Speise	Frosch
651	Brief	Blume
652	Kleider	Anschlag
653	Sonnen	Fahrer
654	Braut	Kissen
655	Kopf	Kasten
656	Schlüssel	Karte

Nr.	Wie lauten die 10 Doppelwörter?	
657	Brand	Wiese
658	Kino	Brand
659	Sommer	Futter
660	Sonnen	Stiftung
661	Kinder	Platz
662	Spiegel	Stich
663	Blumen	Kasse
664	Bienen	Ei
665	Sitz	Zimmer
666	Katzen	Kleid

Nr.	Wie lauten die 10 Doppelwörter?	
667	Kinder	Rose
668	Senioren	Bad
669	Butter	Träger
670	Sonnen	Garten
671	Bananen	Schuhe
672	Hosen	Blume
673	Abend	Laden
674	Hand	Kleid
675	Saft	Heim
676	See	Schale

Nr.	Wie lauten die 10 Doppelwörter?	
677	Blau	Kuchen
678	Katzen	Adler
679	See	Karussell
680	Bier	Schrank
681	Blumen	Königin
682	Spiegel	Beere
683	Bienen	Karton
684	Käse	Flasche
685	Schuh	Klo
686	Kinder	Vase

Nr.	Wie lauten die 10 Doppelwörter?	
687	Karten	Strauß
688	Schreibtisch	Lawine
689	Bett	Spiel
690	Kaffee	Wunde
691	Schrauben	Stamm
692	Blumen	Stuhl
693	Schnee	Ziege
694	Schnitt	Schlüssel
695	Berg	Wäsche
696	Baum	Tasse

Nr.	Wie lauten die 10 Doppelwörter?	
697	Schnee	Mühle
698	Benzin	Automat
699	Kaugummi	Krone
700	Kaffee	Helm
701	Baum	Sturm
702	Joghurt	Hose
703	Bauern	Kanne
704	Pfeffer	Kanister
705	Jeans	Haus
706	Schutz	Becher

Nr.	Wie lauten die 10 Doppelwörter?	
707	Bauern	Flocken
708	Industrie	Stück
709	Schnaps	Räuber
710	Schnee	Topf
711	Hunger	Halter
712	Schnabel	Kalender
713	Blumen	Streik
714	Hunde	Tasse
715	Schmuck	Gebiet
716	Bank	Drossel

Nr.	Wie lauten die 10 Doppelwörter?	
717	Hühner	Automat
718	Schlüssel	Eimer
719	Bank	Papier
720	Kegel	Torte
721	Abfall	Erlebnis
722	Hand	Buch
723	Sahne	Bahn
724	Geschenk	Puppe
725	Porzellan	Auge
726	Wörter	Tasche

Nr.	Wie lauten die 10 Doppelwörter?	
727	Bahn	Waschanlage
728	Apfel	Stock
729	Schlauch	Schalter
730	Auto	Hof
731	Holz	Volk
732	Schlag	Frau
733	Haus	Mittel
734	Ameisen	Baum
735	Schlaf	Boot
736	Bank	Schuh

Nr.	Wie lauten die 10 Doppelwörter?	
737	Puppen	Kröte
738	Schlaf	Tuch
739	Auto	Anzug
740	Hexen	Leuchter
741	Schild	Laub
742	Hand	Fahrzeug
743	Huf	Theater
744	Schienen	Besen
745	Arm	Bahn
746	Herbst	Eisen

Nr.	Wie lauten die 10 Doppelwörter?	
747	Scherz	Tier
748	Arm	Mus
749	Hecht	Pferd
750	Schlitten	Band
751	Apfel	Hütte
752	Haut	Frage
753	Schaum	Arzt
754	Holz	Fahrt
755	Haus	Sprung
756	Schaukel	Bad

Nr.	Wie lauten die 10 Doppelwörter?	
757	Bau	Schmied
758	Haus	Werkstatt
759	Schatz	Hammer
760	Holz	Bär
761	Auto	Schlüssel
762	Schall	Kiste
763	Ameisen	Schrank
764	Huf	Halm
765	Schachtel	Amt
766	Akten	Geschwindigkeit

Nr.	Wie lauten die 11 letzten Doppelwörter?	
767	Hand	Haus
768	Sand	Leine
769	Affen	Hund
770	Auto	Spüler
771	Schlitten	Strand
772	Geschirr	Pfeil
773	Post	Knacker
774	Wurf	Werk
775	Nuss	Stand
776	Wäsche	Fahrt
777	Frucht	Karte

Rätsel-Lösungen

1 Abend Essen
2 Hand Fläche
3 Rosen Garten
4 Ampel Anlage
5 Hamster Rad
6 Ritter-Burg
7 Zug Vögel
8 Hals Band
9 Ritter Schlag
10 Zug Brücke
11 Haus Arbeit
12 Rosen Kranz
13 Zoo Besuch
14 Haar Schnitt
15 Ring Finger
16 Zirkus Zelt
17 Gurken Salat
18 Sand Bank
19 Zimmer Temperatur
20 Gummi Bärchen
21 Reise Dampfer
22 Zimmer Decke
23 Gold Regen
24 Pferde Züchter
25 Angst Hase
26 Wetter Bericht
27 Regen Wurm
28 Ziel Scheibe
29 Glocken Spiel
30 Regen Schauer
31 Zelt Lager
32 Haus Arzt
33 Gäste Bett
34 Zebra Streifen
35 Glas Haus
36 Raum Schiff
37 Zahnpasta Tube
38 Gewürz Pflanze
39 Sand Burg
40 Zahn Spange
41 Gewitter Warnung
42 Puppen Kleid
43 Zahn Rad
44 Getränke Automat
45 Puls Schlag
46 Fuß Bad
47 Obst Baum
48 Wäsche Stange
49 Garten Teich
50 Tisch Tennis
51 Fenster Bank
52 Maul Korb
53 Gesang Buch
54 Polizei Arbeit
55 Wohnzimmer Lampe
56 Glas Scherben
57 Platz Halter
58 Winter Schlaf
59 Gemüse Garten
60 Pizza Belag

61 Wind Rad
62 Geld Automat
63 Puppen Wagen
64 Wetter Lage
65 Geister Fahrer
66 Regen-Tropfen
67 Gold Schmied
68 Gefängnis Zelle
69 Pferde Schlitten
70 Würfel Spiel
71 Gäste Zimmer
72 Personen Waage
73 Welt Frieden
74 Regen Jacke
75 Perlen Kette
76 Park Haus
77 Glas Tisch
78 Park Scheibe
79 Weizen Allergie
80 Garten Handschuhe
81 Welt Reise
82 Weg Kreuzung
83 Wasser Ratte
84 Quatsch Kopf
85 Wasser Waage
86 Gänse Haut
87 Panzer Glas
88 Garten Hütte
89 Fußball Tor
90 Ohr Ring
91 Zahn Arzt
92 Fuß Matte
93 Ohr Feige
94 Vogel Schwarm
95 Tier Arzt
96 Obst Korb
97 Wasser Flasche
98 Milch Kanne
99 Ton Leiter
100 Fenster Leder
101 Motor Sport
102 Eier Becher
103 Laub Baum
104 Stroh Ballen
105 Nudel Sauce
106 Wäsche Klammer
107 Frucht Fliege
108 Papier Korb
109 Wangen Knochen
110 Frauen Schuh
111 Nil Pferd
112 Wand Fliesen
113 Foto Album
114 Nebel Wolke
115 Wasser Hahn
116 Flug Zeug
117 Dampf Maschine
118 Morgen Tau
119 Flug Höhe
120 Dinkel Keks
121 Vogel Futter
122 Garten Tor
123 Nadel Kissen
124 Wasser Dampf
125 Flaschen Post
126 Nacht Eule

127 Video Kamera
128 Fisch Teich
129 Papier Schere
130 Unwetter Warnung
131 Finger Nagel
132 Motor Rad
133 Umwelt Verschmutzung
134 Finger Handschuh
135 Mosaik Steine
136 Wasser Kessel
137 Film Museum
138 Morgen Gymnastik
139 Trost Pflaster
140 Feuerwehr Leiter
141 Mohn Kuchen
142 Trauer Weide
143 Feuer Zeug
144 Mittag Essen
145 Trauben Saft
146 Fliegen Gitter
147 Milch Produkt
148 Torten Heber
149 Ferien Haus
150 Sturm Warnung
151 Eier Salat
152 Laub Säge
153 Teddy Bär
154 Knall Kopf
155 Sonnen Licht
156 Brief Marke
157 Tisch Decke
158 Feld Weg
159 Maß Band
160 Uhr Werk
161 Feier Abend
162 Marmor Boden
163 Tier Heim
164 Feder Ball
165 Mais Kolben
166 Fuß Pflege
167 Fliegen Pilz
168 Mai Käfer
169 Theater Bühne
170 Fahrt Kosten
171 Luft Zug
172 Tennis Schläger
173 Fahrrad Unfall
174 Müll Tonne
175 Tee Tasse
176 Taschen Messer
177 Luft Linie
178 Tee Kanne
179 Fahrrad Kette
180 Löwen Zahn
181 Uhr Zeit
182 Esoterik Messe
183 Lippen Stift
184 Taucher Brille
185 Eisenbahn Schienen
186 Lippen Balsam
187 Taschen Tuch
188 Eisen Bahn
189 Liege Stuhl
190 Fahrrad Schloss
191 Fall Schirm
192 Leder Schuhe

193 Tanz Schuppen
194 Eis Diele
195 Leder Hose
196 Tannen Zweig
197 Stamm Baum
198 Luft Matratze
199 Tank Stelle
200 Straßen Sperre
201 Lauf Band
202 Brief Waage
203 Knochen Bau
204 Sonnen Schirm
205 Dornen Krone
206 Schnee Mann
207 Bein Bruch
208 Kaffee Becher
209 Dunst Glocke
210 Latten Rost
211 Straßen Laterne
212 Fall Tor
213 Land Leben
214 Eis Waffel
215 Domino Stein
216 Lampen Schirm
217 Strand Korb
218 Dampfer Fahrt
219 Luft Pumpe
220 Stoff Tasche
221 Dach Schindel
222 Lack Affe
223 Stirn Falten
224 Creme Suppe
225 Kunst Leder
226 Tee Beutel
227 Couch Tisch
228 Kuh Weide
229 Staub Allergie
230 Christ Kind
231 Küchen Spüle
232 Eis Bär
233 Butter Brot
234 Küchen Lampe
235 Stadt Kern
236 Dorf Trottel
237 Kreis Lauf
238 Stachel Schwein
239 Büro Möbel
240 Körper Fett
241 Sprung Turm
242 Bügel Eisen
243 Lager Arbeiter
244 Spiel Zeug
245 Bücher Wurm
246 Kohl Suppe
247 Sonnen Brille
248 Keller Tür
249 Kohle Ofen
250 Staub Korn
251 Brillen Gläser
252 Koch Topf
253 Speise Öl
254 Kaffee Maschine
255 Schneeball Schlacht
256 Berg Gipfel
257 Kleider Schrank
258 Apfel Kuchen

259 Haut Ausschlag
260 Schaum Krone
261 Klo Brille
262 Spiel Feld
263 Braut Schuhe
264 Lager Feuer
265 Sonnen Blume
266 Braut Kleid
267 Klebe Stift
268 Sommer Urlaub
269 Brand Schutz
270 Kino Film
271 Staub Sauger
272 Bohnen Suppe
273 Kinder Wagen
274 Sofa Kissen
275 Blumen Gesteck
276 Kinder Geburtstag
277 Sieger Podest
278 Blüten Duft
279 Kerzen Ständer
280 Sekt Glas
281 Brief Papier
282 Keller Fenster
283 Seil Bahn
284 Block Flöte
285 Bücher Regal
286 Segel Boot
287 Blech Dose
288 Klee Blatt
289 See Löwe
290 Bilder Rahmen
291 Katzen Wäsche
292 Schutz Schild
293 Bienen Stock
294 Käse Würfel
295 Sommer Blume
296 Bauern Schrank
297 Kartoffel Klöße
298 Schuh Bürste
299 Bienen Honig
300 Kalender Blatt
301 Schreibtisch Lampe
302 Brief Öffner
303 Kaffee Satz
304 Schornstein Feger
305 Bett Kasten
306 Scherz Keks
307 Arm Brust
308 Heft Pflaster
309 Schnee Besen
310 Gold Kette
311 Regen Wolke
312 Zigaretten Pause
313 Schnee Königin
314 Baum Kuchen
315 Jogging Hose
316 Sommer Ferien
317 Bienen Stachel
318 Jacken Tasche
319 Schnaps Idee
320 Bauern Hof
321 Hut Ablage
322 Schnabel Tier
323 Bau Klötze
324 Hunde Hütte

325 Schmutz Fink
326 Bett Laken
327 Hühner Stall
328 Schlüssel Loch
329 Bank Konto
330 Hügel Landschaft
331 Schlüssel Dienst
332 Schlaf Tabletten
333 Kaffee Dose
334 Haus Schuhe
335 Bananen Eis
336 Horn Ochse
337 Schloss Gespenst
338 Ball Kleid
339 Honig Biene
340 Schnee Ball
341 Bäcker Laden
342 Holz Kohle
343 Schlangen Gift
344 Auto Wäsche
345 Holz Haus
346 Schlaf Lied
347 Bett Pfanne
348 Himmel Bett
349 Bank Angestellte
350 Auto Panne
351 Hexen Haus
352 Schirm Ständer
353 Auto Fahrer
354 Kaffee Filter
355 Daumen Kino
356 Armband Uhr
357 Herbst Sonne
358 Zimmer Pflanze
359 Grill Anzünder
360 Reis Korn
361 Garten Zaun
362 Park Uhr
363 Weizen Brot
364 Gemüse Suppe
365 Apfel Blüte
366 Haus Tür
367 Schaukel Stuhl
368 Ankleide Zimmer
369 Schlüssel Bein
370 Schatz Truhe
371 Auto Reifen
372 Haus Aufgaben
373 Schall Platten
374 Ameisen Löwe
375 Sand Sturm
376 Schaf Herde
377 Akten Tasche
378 Heu Haufen
379 Haus Meister
380 Affen Theater
381 Hand Wäsche
382 Sand Kasten
383 Abschluss Arbeit
384 Schwert Lilie
385 Schaum Schläger
386 Abend Sonne
387 Regen Mantel
388 Sahne Joghurt
389 Abend Garderobe
390 Zahn Schmerzen

391 Sack Karren
392 Auto Unfall
393 Hand Arbeit
394 Rosen Kohl
395 Zwerg Pudel
396 Hals Kette
397 Rosen Duft
398 Zug Pferd
399 Heu Wagen
400 Ritter Rüstung
401 Zucker Dose
402 Haar Spange
403 Ring Kampf
404 Zitronen Presse
405 Gürtel Schnalle
406 Scherben Haufen
407 Zimt Zicke
408 Gummi Stiefel
409 Reise Koffer
410 Gäste Toilette
411 Personen Schutz
412 Welt Raum
413 Müll Trennung
414 Vanille Eis
415 Fisch Schwarm
416 Nudel Gericht
417 Gold Barren
418 Hand Seife
419 Ziegen Stall
420 Glocken Blume
421 Regen Schirm
422 Zeichen Papier
423 Haar Bürste
424 Regen Bogen
425 Zaun König
426 Gift Schlange
427 Rasen Mäher
428 Zahn Stein
429 Gewitter Wolke
430 Reise Wecker
431 Hand Gepäck
432 Getreide Ernte
433 Puppen Haus
434 Zahn Bürste
435 Geschirr Spülmittel
436 Puls Messer
437 Zigaretten Qualm
438 Geschenk Verpackung
439 Post Bote
440 Wunsch Traum
441 Winter Urlaub
442 Polizei Auto
443 Wohnzimmer Tisch
444 Hallen Bad
445 Platz Regen
446 Winter Landschaft
447 Gemüse Saft
448 Plastik Tüte
449 Geschenk Korb
450 Geld Börse
451 Ring Buch
452 Wind Mühle
453 Geister Schloss
454 Pflaumen Kuchen
455 Wetter Frosch
456 Wasser Stand

457 Pferde Stall
458 Zigaretten Schachtel
459 Gefängnis Wärter
460 Pferde Kutsche
461 Werk Bank
462 Nadel Baum
463 Vogel Beere
464 Flaschen Öffner
465 Tee Dose
466 Fahrrad Keller
467 Löwen Mähne
468 Tier Puzzle
469 Park Platz
470 Wein Traube
471 Garten Arbeit
472 Fuß Nagel
473 Wasser Zeichen
474 Gänse Marsch
475 Pflaumen Mus
476 Geister Bahn
477 Fußgänger Zone
478 Öl Farbe
479 Wasser Pfeife
480 Fußball Stadion
481 Ohr Muschel
482 Werk Zeug
483 Park Bank
484 Ofen Rohr
485 Wasser Farbe
486 Fuß Ball
487 Flug Schau
488 Wasser Bett
489 Geräte Schuppen
490 Ober Schenkel
491 Wäsche Ständer
492 Frucht Wasser
493 Nudel Suppe
494 Wäsche Korb
495 Orangen Saft
496 Pillen Dose
497 Wärme Lampe
498 Salz Wasser
499 Noten Ständer
500 Wand Uhr
501 Foto Apparat
502 Nerven Säge
503 Werkzeug Kasten
504 Flut Katastrophe
505 Nebel Horn
506 Waffel Eisen
507 Obst Garten
508 Karamell Bonbon
509 Vulkan Ausbruch
510 Flug Hafen
511 Nagel Schere
512 Vogel Nest
513 Frühlings Blumen
514 Tee Löffel
515 Fahrrad Pumpe
516 Luft Ballon
517 Butter Milch
518 Küchen Rolle
519 Stadt Park
520 Mode Schmuck
521 Unter Arm
522 Finger Hut

523 Motor Haube
524 Umwelt Schutz
525 Filz Gleiter
526 Morgen Sonne
527 Wald Brand
528 Fieber Thermometer
529 Mond Gesicht
530 Treppen Geländer
531 Feuerwehr Auto
532 Mohn Blume
533 Trauer Feier
534 Fuchs Schwanz
535 Mist Haufen
536 Torten Stück
537 Ferien Lager
538 Milch Kuh
539 Topf Lappen
540 Fenster Scheibe
541 Nudel Holz
542 Tomaten Salat
543 Fenster Glas
544 Meer Salz
545 Tisch Gebet
546 Fell Mütze
547 Mauer Blümchen
548 Wald Spaziergang
549 Feld Maus
550 Marmor Tisch
551 Fahrrad Korb
552 Feder Kleid
553 Märchen Buch
554 Tier Gehege
555 Fallschirm Springer
556 Mais Feld
557 Theater Stück
558 Ferien Wohnung
559 Mai Glöckchen
560 Termin Kalender
561 Tier Liebe
562 Luft Schloss
563 Telefon Hörer
564 Fahrrad Ständer
565 Meer Schweinchen
566 Christbaum Schmuck
567 Küchen Tisch
568 Start Schuss
569 Keller Treppe
570 Segel Flugzeug
571 Blei Stift
572 Kopf Laus
573 Eltern Zeit
574 Lippen Pflege
575 Taschen Uhr
576 Eisen Stange
577 Linsen Suppe
578 Taschen Rechner
579 Feuer Werk
580 Lichter Kette
581 Eier Likör
582 Eis Zapfen
583 Leder Mantel
584 Tanz Bein
585 Straßen Schuhe
586 Messe Stand
587 Tannen Baum
588 Eis Becher

589 Lavendel Seife
590 Tank Säule
591 Eier Schale
592 Laub Frosch
593 Tisch Bein
594 Taschen Lampe
595 Stoff Puppe
596 Stroh Hut
597 Ei Zelle
598 Latten Zaun
599 Streifen Hörnchen
600 Draht Esel
601 Last Wagen
602 Straßen Bahn
603 Strom Leitung
604 Land Karte
605 Eis Kugel
606 Dauer Lutscher
607 Lampen Fieber
608 Stoff Tier
609 Dampf Maschine
610 Lebkuchen Herz
611 Laub Wald
612 Dach Rinne
613 Kürbis Suppe
614 Stirn Band
615 Cowboy Hut
616 Kunst Fehler
617 Stuhl Gang
618 Kerzen Schein
619 Seifen Spender
620 Blumen Erde
621 Schlüssel Anhänger
622 Ball Spiel
623 Honigkuchen Pferd
624 Schutz Impfung
625 Kuchen Form
626 Stadt Fest
627 Büro Hengst
628 Körper Pflege
629 Sprung Gelenk
630 Brillen Putztuch
631 Lebkuchen Männchen
632 Spinnen Netz
633 Bügel Brett
634 Kopf Hörer
635 Spiel Karten
636 Bücher Schrank
637 Kohl Meise
638 Sturm Flut
639 Brillen Etui
640 Koffer Raum
641 Speise Wagen
642 Büro Stuhl
643 Knochen Gerüst
644 Sonnen Schein
645 Brief Taube
646 Knall Tüte
647 Brand Anschlag
648 Bus Fahrer
649 Knall Frosch
650 Speise Karte
651 Brief Kasten
652 Kleider Ständer
653 Sonnen Creme
654 Braut Paar

655 Kopf Kissen
656 Schlüssel Blume
657 Brand Stiftung
658 Kino Kasse
659 Sommer Kleid
660 Sonnen Brand
661 Kinder Zimmer
662 Spiegel Ei
663 Blumen Wiese
664 Bienen Stich
665 Sitz Platz
666 Katzen Futter
667 Kinder Garten
668 Senioren Heim
669 Butter Blume
670 Sonnen Bad
671 Bananen Schale
672 Hosen Träger
673 Abend Kleid
674 Hand Schuhe
675 Saft Laden
676 See Rose
677 Blau Beere
678 Katzen Klo
679 See Adler
680 Bier Flasche
681 Blumen Vase
682 Spiegel Schrank
683 Bienen Königin
684 Käse Kuchen
685 Schuh Karton
686 Kinder Karussell
687 Karten Spiel
688 Schreibtisch Stuhl
689 Bett Wäsche
690 Kaffee Tasse
691 Schrauben Schlüssel
692 Blumen Strauß
693 Schnee Lawine
694 Schnitt Wunde
695 Berg Ziege
696 Baum Stamm
697 Schnee Sturm
698 Benzin Kanister
699 Kaugummi Automat
700 Kaffee Kanne
701 Baum Krone
702 Joghurt Becher
703 Bauern Haus
704 Pfeffer Mühle
705 Jeans Hose
706 Schutz Helm
707 Bauern Kalender
708 Industrie Gebiet
709 Schnaps Drossel
710 Schnee Flocken
711 Hunger Streik
712 Schnabel Tasse
713 Blumen Topf
714 Hunde Halter
715 Schmuck Stück
716 Bank Räuber
717 Hühner Auge
718 Schlüssel Erlebnis
719 Bank Automat
720 Kegel Bahn

721 Abfall Eimer
722 Hand Tasche
723 Sahne Torte
724 Geschenk Papier
725 Porzellan Puppe
726 Wörter Buch
727 Bahn Hof
728 Apfel Baum
729 Schlauch Boot
730 Auto Waschanlage
731 Holz Schuh
732 Schlag Stock
733 Haus Frau
734 Ameisen Volk
735 Schlaf Mittel
736 Bank Schalter
737 Puppen Theater
738 Schlaf Anzug
739 Auto Bahn
740 Hexen Besen
741 Schild Kröte
742 Hand Tuch
743 Huf Eisen
744 Schienen Fahrzeug
745 Arm Leuchter
746 Herbst Laub
747 Scherz Frage
748 Arm Band
749 Hecht Sprung
750 Schlitten Fahrt
751 Apfel Mus
752 Haut Arzt
753 Schaum Bad
754 Holz Hütte
755 Haus Tier
756 Schaukel Pferd
757 Bau Amt
758 Haus Schlüssel
759 Schatz Kiste
760 Holz Hammer
761 Auto Werkstatt
762 Schall Geschwindigkeit
763 Ameisen Bär
764 Huf Schmied
765 Schachtel Halm
766 Akten Schrank
767 Hand Werk
768 Sand Strand
769 Affen Haus
770 Auto Fahrt
771 Schlitten Hund
772 Geschirr Spüler
773 Post Karte
774 Wurf Pfeil
775 Nuss Knacker
776 Wäsche Leine
777 Frucht Stand

Unsere Buchreihe der „Demenz-Rätsel-Bücher“

Bisher erschienen:

145 einfache Sprichwort-Rätsel (Band 1)

280 verdrehte Sätze (Band 2)

360 einfache Rechen-Rätsel (Band 3)

305 einfache Stichwort-Rätsel / Begriffe raten (Band 4)

777 Doppelwort-Rätsel (Band 5)